AF188150

Impressum
Verlag: BABADADA GmbH, Nedderfeld 112 , 22529 Hamburg
Geschäftsführer / Verlagsleitung: Harald Hof
Druck: Books on Demand GmbH, In de Tarpen 42, 22848 Norderstedt

Imprint
Publisher: BABADADA GmbH, Nedderfeld 112 , 22529 Hamburg, Germany
Managing Director / Publishing direction: Harald Hof
Print: Books on Demand GmbH, In de Tarpen 42, 22848 Norderstedt, Germany

skole
škola

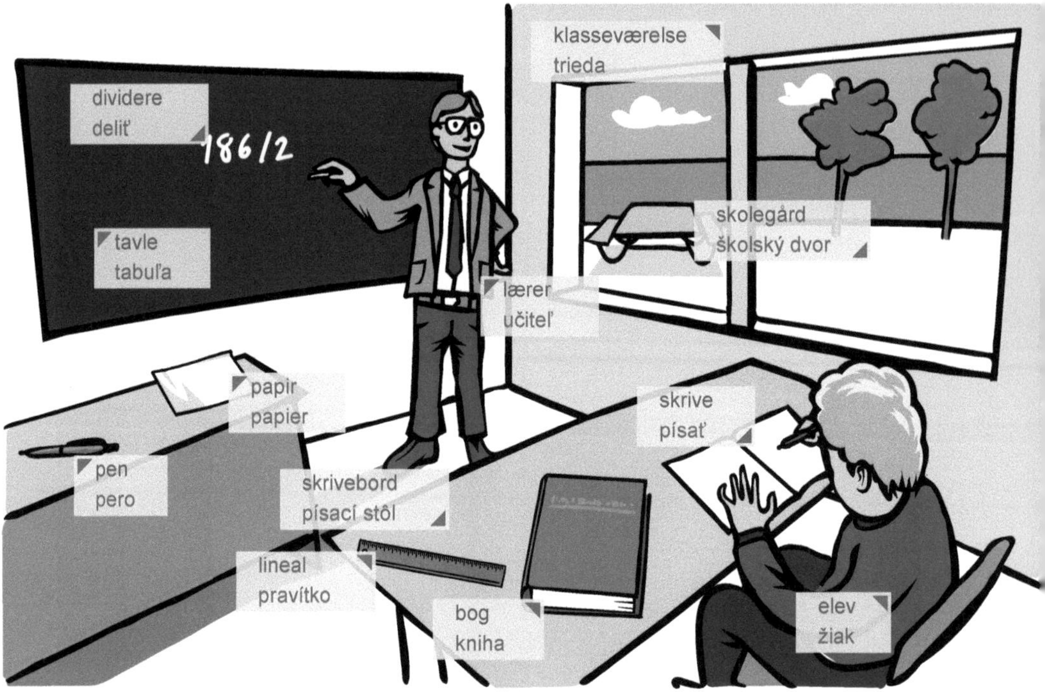

klasseværelse
trieda
dividere
deliť
186/2
tavle
tabuľa
skolegård
školský dvor
lærer
učiteľ
papir
papier
skrive
písať
pen
pero
skrivebord
písací stôl
lineal
pravítko
bog
kniha
elev
žiak

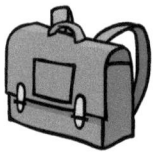

skoletaske

školská taška

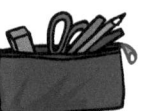

penalhus

peračník

blyant

ceruza

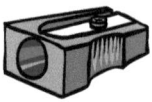

blyantspidser

strúhadlo na ceruzky

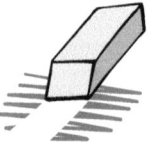

viskelæder

guma

tegneblok

skicár

tegning
kresba

pensel
štetec

æske med vandfarver
vodové farby

saks
nožnice

lim
lepidlo

opgavehefte
cvičný zošit

lektie
domáca úloha

12

tal
číslo

2+2

addere
sčítať

5-2

subtrahere
odčítať

2×2

multiplicere
násobiť

regne
počítať

A

bogstav
písmeno

ABCDEFG
HIJKLMN
OPQRSTU
VWXYZ

alfabet
abeceda

hello

ord
slovo

tekst

text

læse

čítať

kridt

krieda

time

hodina

klasseprotokol

triedna kniha

eksamen

skúška

karakterbog

certifikát

skoleuniform

školská uniforma

uddannelse

vzdelanie

leksikon

encyklopédia

universitet

univerzita

mikroskop

mikroskop

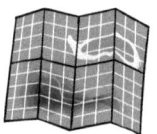

kort

mapa

papirkurv

kôš na papier

rejse
cesta

hotel
hotel
Grand
herberg
nocľaháreň
ROOMS
EXCHANGE
vekselkontor
zmenáreň
kuffert
kufor
bil
auto

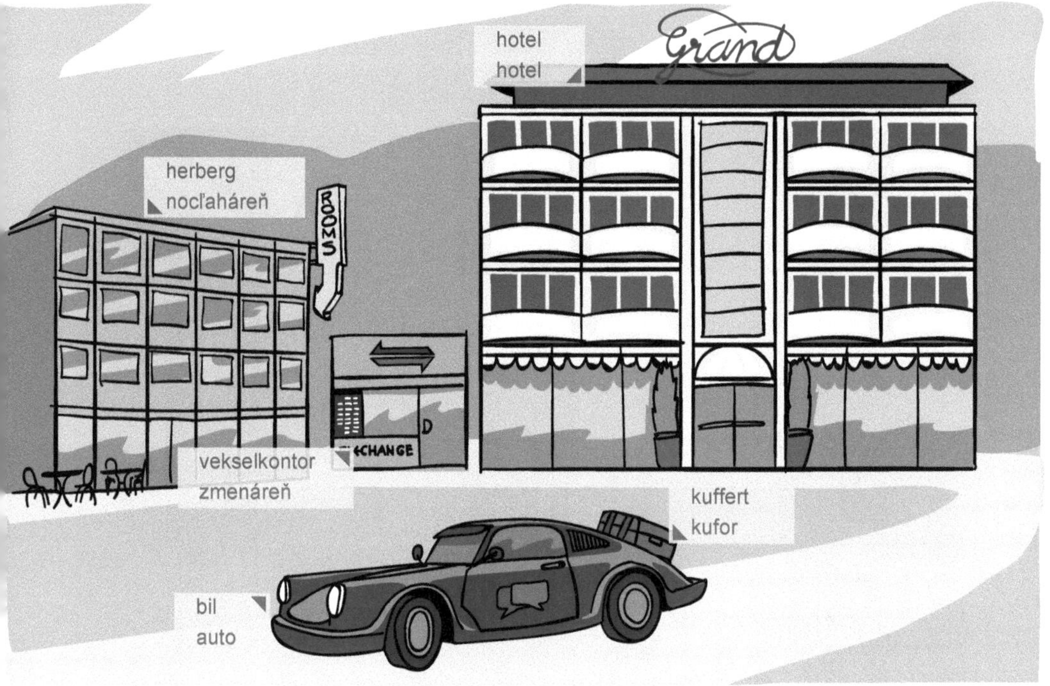

sprog

jazyk

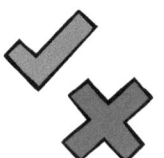

ja / nej

áno/nie

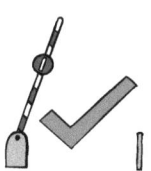

okay

v poriadku

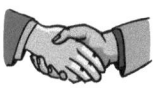

hej

ahoj

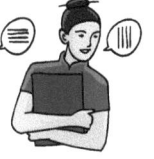

oversætter

prekladateľ

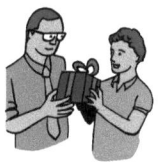

tak

ďakujem

hvad koster…?

Koľko stojí … ?

Jeg forstår ikke

Nerozumiem

problem

problém

God aften!

Dobrý večer!

God morgen!

Dobré ráno!

God nat!

Dobrú noc!

farvel

Dovidenia

retning

smer

bagage

batožina

taske

taška

rygsæk

batoh

gæst

hosť

værelse

izba

sovepose

spacák

telt

stan

turistinformation

informácie pre turistov

strand

pláž

kreditkort

kreditná karta

morgenmad

raňajky

middagsmad

obed

aftensmad

večera

billet

cestovný lístok

elevator

výťah

frimærke

poštová známka

grænse

hranica

told

clo

ambassade

veľvyslanectvo

visum

vízum

pas

cestovný pas

transport
doprava

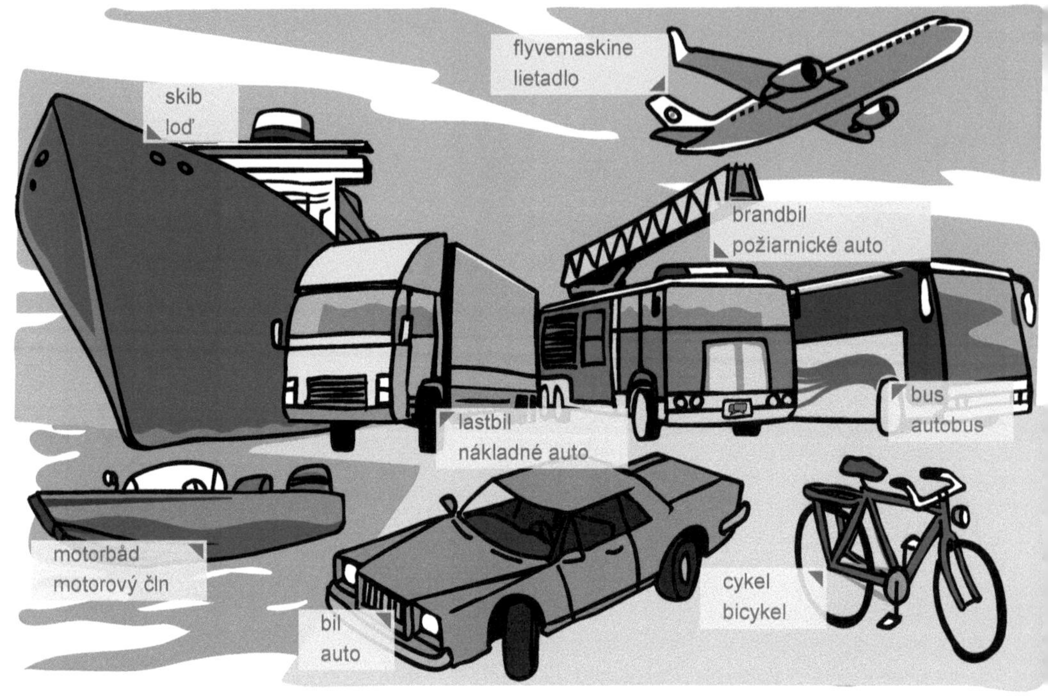

flyvemaskine
lietadlo
skib
loď
brandbil
požiarnické auto
bus
autobus
lastbil
nákladné auto
motorbåd
motorový čln
cykel
bicykel
bil
auto

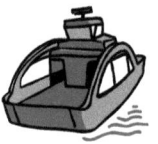

færge

trajekt

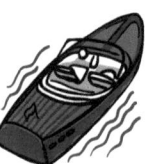

båd

loď

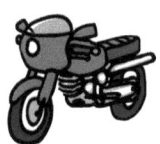

motorcykel

motorka

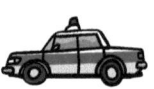

politibil

policajné auto

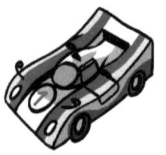

racerbil

pretekárske auto

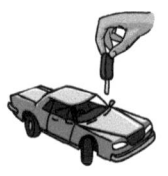

lejebil

vozidlo z požičovne

samkørsel

carsharing

kranbil

odťahové auto

skraldebil

smetiarske auto

motor

motor

benzin

benzín

tankstation

čerpacia stanica

trafikskilt

dopravná značka

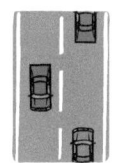

trafik

premávka

trafikprop

zápcha

parkeringsplads

parkovisko

banegård

vlaková stanica

skinner

trate

tog

vlak

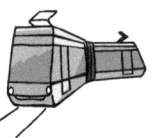

sporvogn

električka

wagon

vagón

helikopter

helikoptéra

lufthavn

letisko

tårn

veža

passager

pasažier

container

kontajner

karton

kartón

kærre

vozík

kurv

kôš

starte / lande

štartovať / pristáť

by

mesto

landsby

dedina

bymidte

centrum mesta

hus

dom

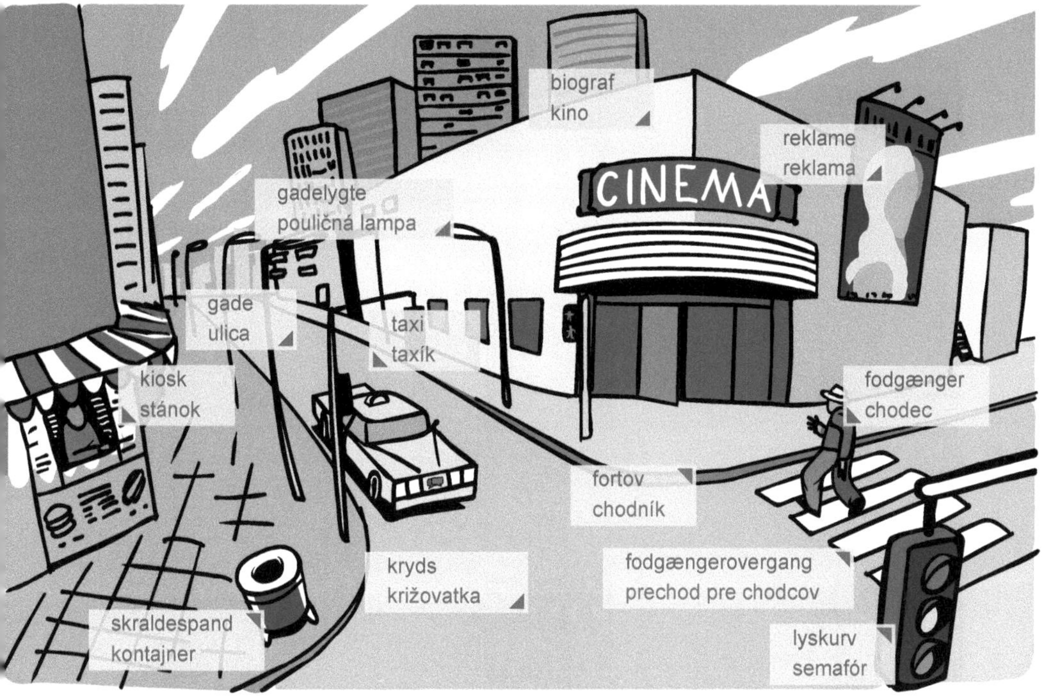
biograf
kino
reklame
reklama
CINEMA
gadelygte
pouličná lampa
gade
ulica
taxi
taxík
kiosk
stánok
fodgænger
chodec
fortov
chodník
kryds
križovatka
fodgængerovergang
prechod pre chodcov
skraldespand
kontajner
lyskurv
semafór

hytte

chata

lejlighed

byt

banegård

vlaková stanica

rådhus

radnica

MUSEUM

museum

múzeum

skole

škola

universitet

univerzita

bank

banka

sygehus

nemocnica

hotel

hotel

apotek

lekáreň

kontor

kancelária

boghandel

kníhkupectvo

butik

obchod

blomsterbutik

kvetinárstvo

supermarked

supermarket

marked

trh

stormagasin

obchodný dom

fiskehandler

obchodník s rybami

butikscenter

nákupné stredisko

havn

prístav

park

park

bænk

lavička

bro

most

trappe

schody

undergrundsbane

metro

tunnel

tunel

busstoppested

autobusová zastávka

barnevogn

bar

restaurant

reštaurácia

postkasse

poštová schránka

vejskilt

tabuľa s názvom ulice

parkometer

parkovacie hodiny

zoo

ZOO

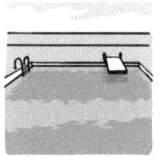

badeanstalt

plaváreň

moske

mešita

bondegård
farma

miljøforurening
znečisťovanie životného prostredia

kirkegård
cintorín

kirke
kostol

legeplads
ihrisko

tempel
chrám

landskab
terén

blad
list

vejviser
smerová tabuľa

vej
cesta

eng
lúka

sten
kameň

vandrer
turista

træ
strom

flod
rieka

græs
tráva

blomst
kvet

dal
dolina

bjerg
kopec

sø
jazero

skov
les

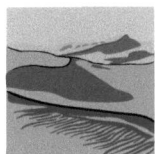

ørken
púšť

vulkan
vulkán

slot
zámok

regnbue
dúha

svamp
hríb

palme
palma

moskito
komár

flue
mucha

myre
mravec

bi
včela

edderkop
pavúk

bille
chrobák

frø
žaba

egern
veverička

pindsvin
jež

hare
zajac

ugle
sova

fugl
vták

svane
labuť

vildsvin
diviak

hjort
jeleň

elg
los

dæmning
hrádza

vindmølle
veterná turbína

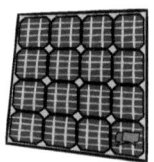

solcellemodul
solárny panel

klima
podnebie

tjener
čašník

spisekort
jedálny lístok

stol
stolička

suppe
polievka

pizza
pizza

bestik
príbor

borddug
obrus

forret
···············
predjedlo

hovedret
···············
hlavné jedlo

dessert
···············
zákusok

drikkevarer
···············
nápoje

mad
···············
jedlo

flaske
···············
fľaša

fastfood

fast-food

streetfood

street food

tekande

kanvica na čaj

sukkerdåse

cukornička

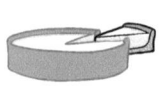

portion

porcia

espressomaskine

stroj na espresso

barnestol

detská stolička

faktura

účet

tablet

podnos

kniv

nôž

gaffel

vidlička

ske

lyžica

teske

čajová lyžička

serviet

obrúsok

glas

pohár

restaurant - reštaurácia

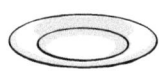

tallerken

tanier

dyb tallerken

hlboký tanier

underkop

podšálka

sovs

omáčka

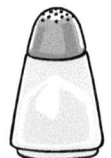

saltbøsse

soľnička

peberkværn

mlynček na korenie

eddike

ocot

olie

olej

krydderier

korenie

ketchup

kečup

sennep

horčica

mayonnaise

majonéza

supermarked
supermarket

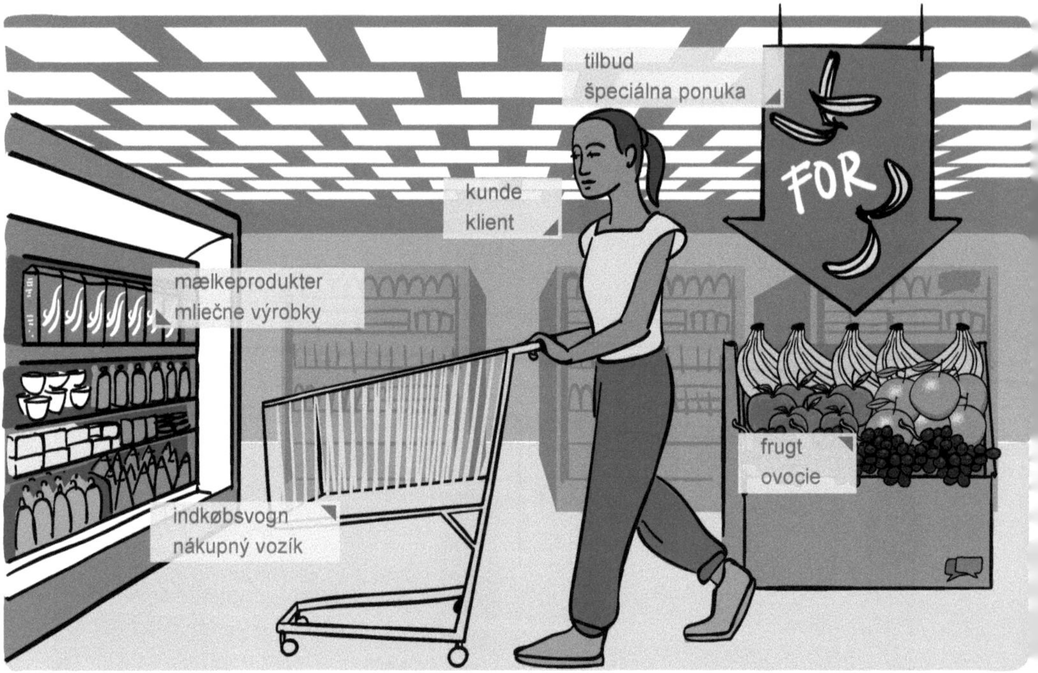

tilbud
špeciálna ponuka
kunde
klient
mælkeprodukter
mliečne výrobky
FOR
frugt
ovocie
indkøbsvogn
nákupný vozík

BUTCHERS

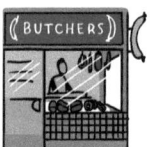

slagter

mäsiarstvo

BAKERY

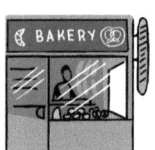

bageri

pekáreň

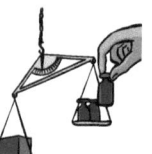

veje

vážiť

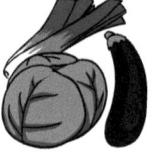

grøntsager

zelenina

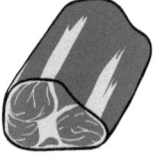

kød

mäso

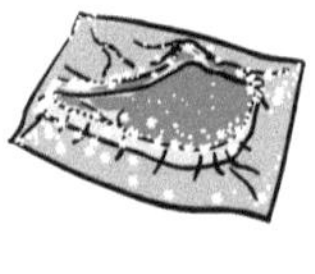

frostvarer

mrazené potraviny

pålæg

nárez

konserves

konzervy

vaskemiddel

prací prostriedok

slik

sladkosti

husholdningsvarer

domáce potreby

rengøringsmidler

čistiace prostriedky

ekspedient

predavačka

kasse

pokladňa

kasserer

pokladník

indkøbsliste

nákupný zoznam

åbningstider

otváracie hodiny

tegnebog

peňaženka

kreditkort

kreditná karta

taske

taška

plasticpose

plastové vrecko

vand

voda

saft

džús

mælk

mlieko

cola

kola

vin

víno

øl

pivo

alkohol

alkohol

kakao

kakao

te

čaj

kaffe

káva

espresso

espresso

cappuccino

kapučíno

banan

banán

æble

jablko

appelsin

pomaranč

melon

melón

citron

citrón

gulerod

mrkva

hvidløg

cesnak

bambus

bambus

løg

cibuľa

svamp

hríb

nødder

orechy

nudler

rezance

spaghetti

špagety

ris

ryža

salat

šalát

pomfritter

hranolky

stegte kartofler

pečené zemiaky

pizza

pizza

hamburger

hamburger

sandwich

obložený chlebík

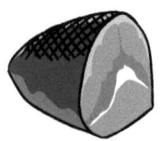

schnitzel

rezeň

skinke

šunka

salami

saláma

pølse

klobása

kylling

kurča

steg

pečené mäso

fisk

ryba

havregryn

ovsené vločky

mysli

müsli

cornflakes

kukuričné lupienky

mel

múka

croissant

croissant

rundstykke

pečivo

brød

chlieb

toast

hrianka

kiks

sušienky

smør

maslo

kvark

tvaroh

kage

koláč

æg

vajce

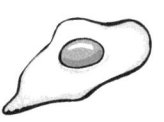

spejlæg

volské oko

ost

syr

is
....
zmrzlina

sukker
....
cukor

honning
....
med

marmelade
....
lekvár

nougat-creme
....
nugátová nátierka

karry
....
karí korenie

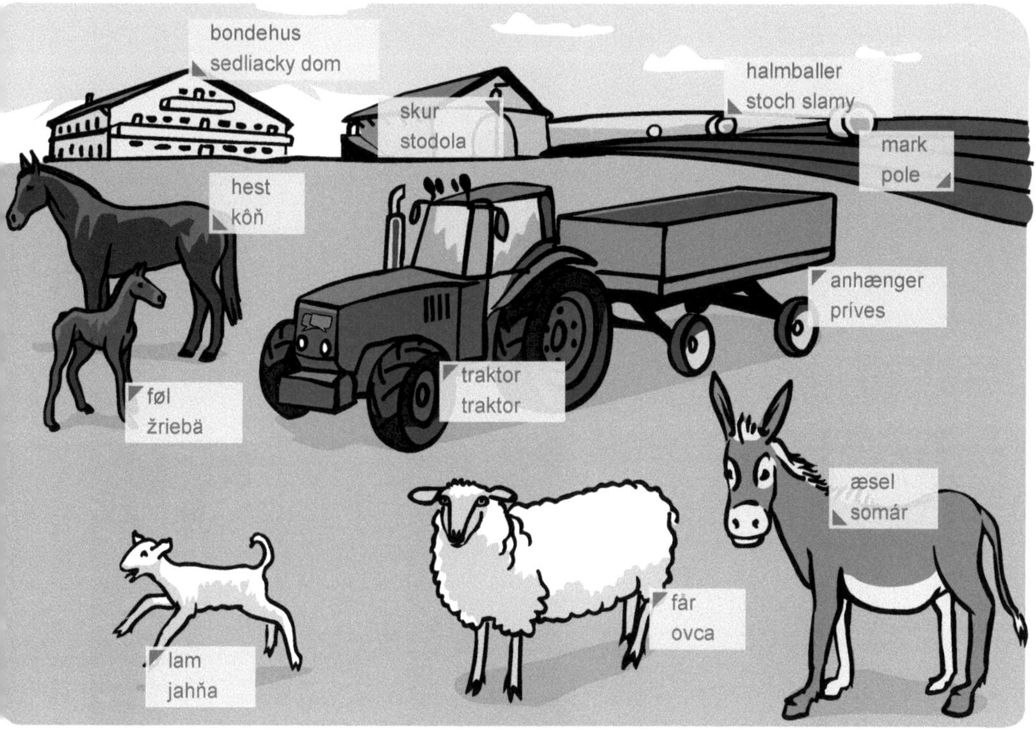

bondehus
sedliacky dom

halmballer
stoch slamy

skur
stodola

mark
pole

hest
kôň

anhænger
príves

føl
žriebä

traktor
traktor

æsel
somár

får
ovca

lam
jahňa

ged

koza

ko

krava

kalv

teľa

svin

prasa

gris

prasiatko

tyr

býk

gås

hus

and

kačica

kylling

kuriatko

høne

sliepka

hane

kohút

rotte

potkan

kat

mačka

mus

myš

okse

vôl

hund

pes

hundehus

psia búda

haveslange

záhradná hadica

vandkande

krhla

le

kosa

plov

pluh

segl

kosák

hakkejern

motyka

møggreb

vidly na hnoj

økse

sekera

trillebør

fúrik

trug

koryto

mælkekande

kanva na mlieko

sæk

vrece

hæk

plot

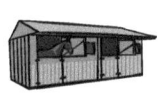

stald

maštaľ

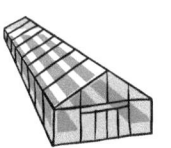

drivhus

skleník

jord

pôda

frø

osivo

gødning

hnojivo

mejetærsker

kombajn

høste

žať

høst

žatva

yams

batát

hvede

pšenica

soja

sója

kartoffel

zemiak

majs

kukurica

raps

repka

frugttræ

ovocný strom

maniok

maniok

korn

obilie

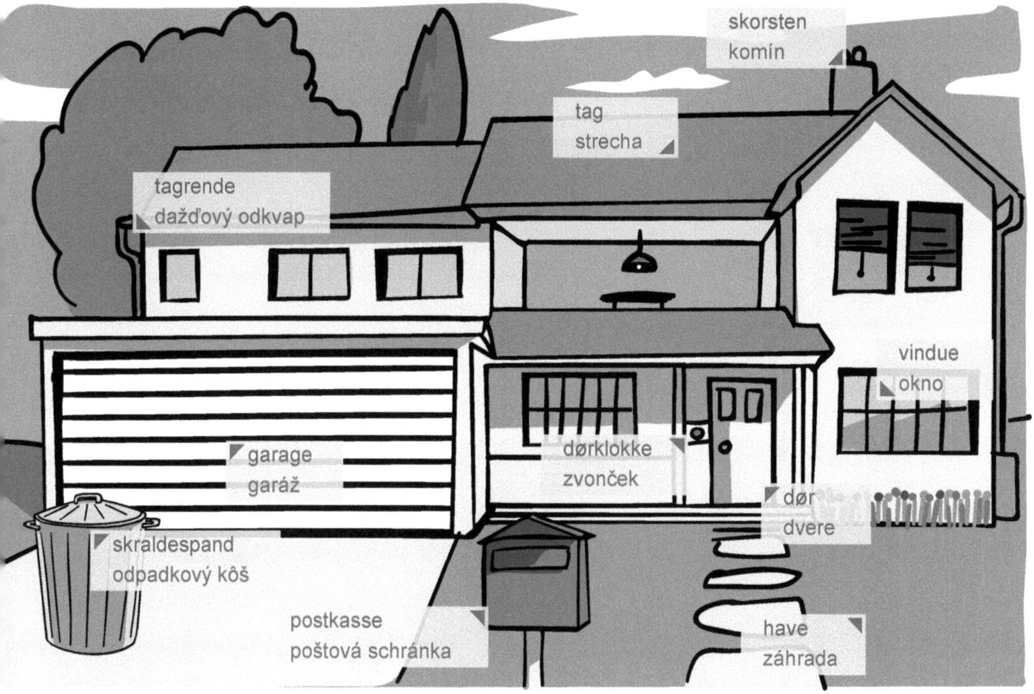

skorsten
komín

tag
strecha

tagrende
dažďový odkvap

vindue
okno

garage
garáž

dørklokke
zvonček

dør
dvere

skraldespand
odpadkový kôš

postkasse
poštová schránka

have
záhrada

stue

obývačka

badeværelse

kúpeľňa

køkken

kuchyňa

soveværelse

spálňa

børneværelse

detská izba

spisestue

jedáleň

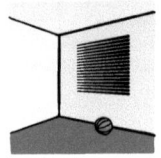

gulv
podlaha

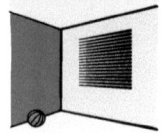

væg
stena

loft
strop

kælder
pivnica

sauna
sauna

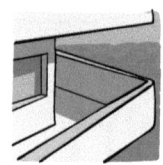

altan
balkón

terrasse
terasa

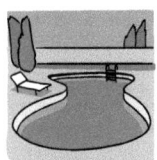

svømmehal
bazén

plæneklipper
kosačka

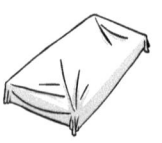

dynebetræk
obliečka

dyne
posteľná prikrývka

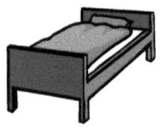

seng
posteľ

kost
metla

spand
vedro

kontakt
vypínač

stue
obývačka

tapet
tapeta
billede
obraz
lampe
lampa
reol
regál
skab
skriňa
fjernsyn
televízor
pejs
kozub
blomst
kvet
pude
vankúš
sofa
pohovka
vase
váza
fjernbetjening
diaľkové ovládanie

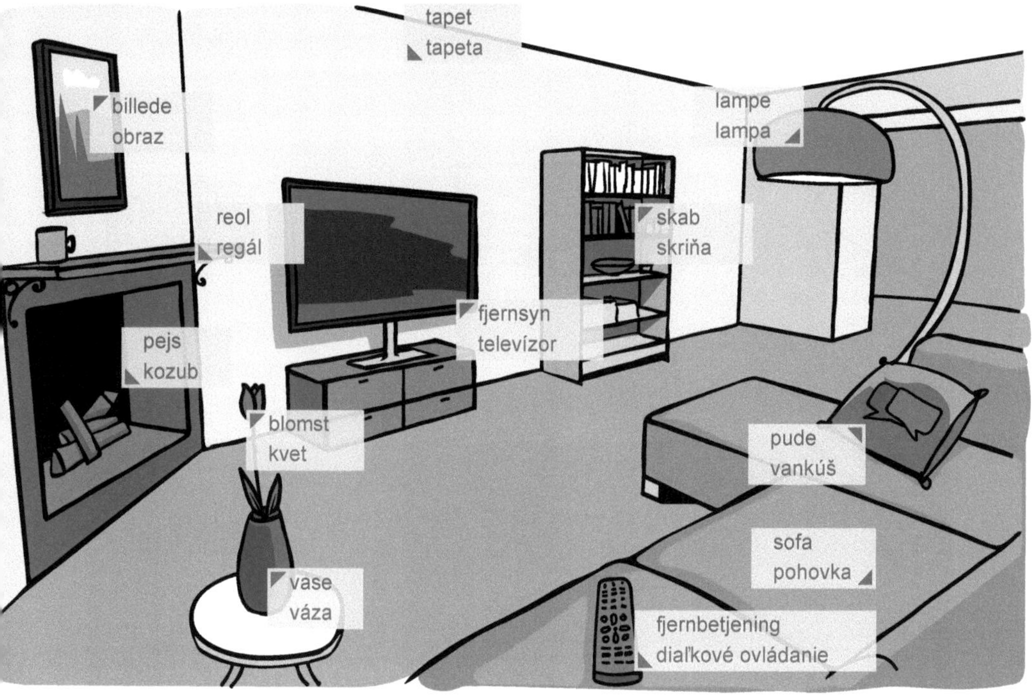

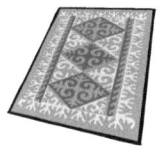

gulvtæppe

koberec

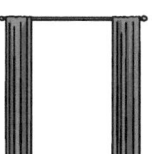

gardin

záclona

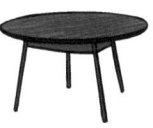

bord

stôl

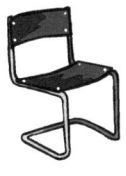

stol

stolička

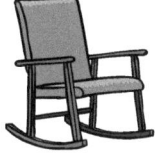

gyngestol

hojdacie kreslo

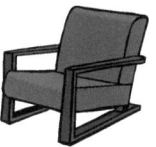

lænestol

kreslo

bog
kniha

tæppe
prikrývka

dekoration
dekorácia

brænde
drevo na kúrenie

film
film

stereoanlæg
hi-fi veža

nøgle
kľúč

avis
noviny

maleri
maľba

plakat
plagát

radio
rádio

notesblok
zápisník

støvsuger
vysávač

kaktus
kaktus

lys
sviečka

køkken
kuchyňa

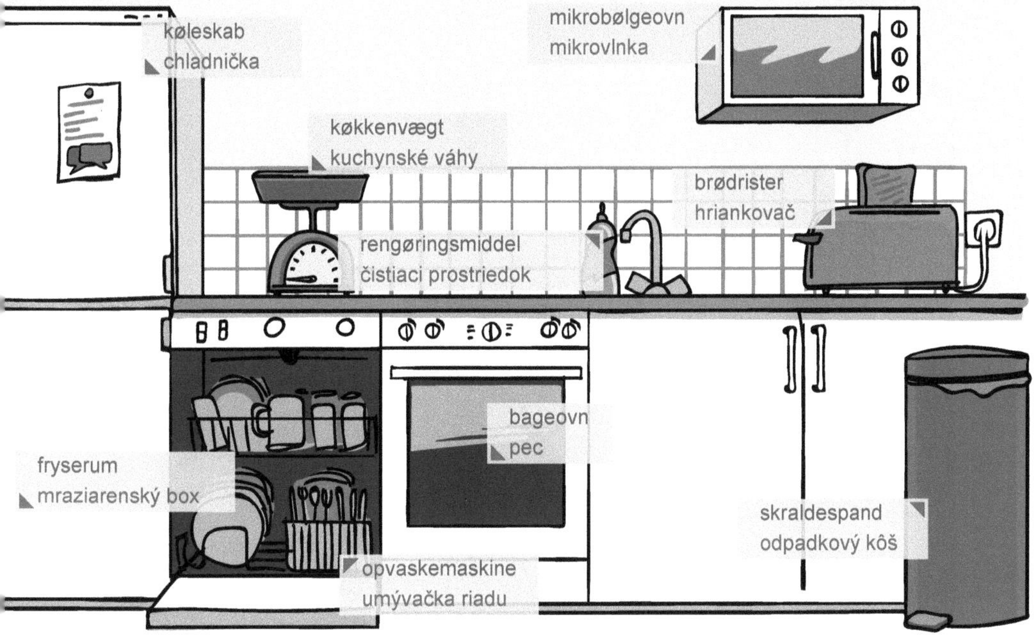

køleskab
chladnička
mikrobølgeovn
mikrovlnka
køkkenvægt
kuchynské váhy
brødrister
hriankovač
rengøringsmiddel
čistiaci prostriedok
bageovn
pec
fryserum
mraziarenský box
skraldespand
odpadkový kôš
opvaskemaskine
umývačka riadu

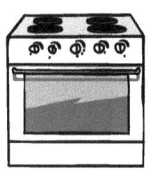

komfur
sporák

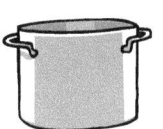

gryde
hrniec

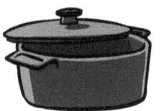

jerngryde
železný hrniec

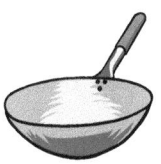

wok / kadai
wok / kadai

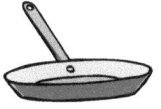

pande
panvica

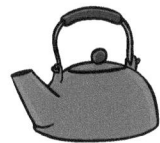

elkedel
rýchlovarná kanvica

dampkoger

parný hrniec

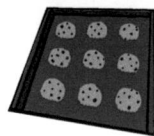

bageplade

plech na pečenie

service

riad

bæger

pohár

skål

misa

spisepinde

paličky

øseske

naberačka na polievku

paletkniv

stierka

piskeris

metlička

dørslag

cedidlo

si

sitko

rive

strúhadlo

morter

mažiar

grille

gril

ildsted

ohnisko

skærebræt

doska na krájanie

kagerulle

valček na cesto

proptrækker

vývrtka

dåse

konzerva

dåseåbner

otvárač na konzervy

grydelap

chňapka

køkkenvask

výlevka

børste

kefa

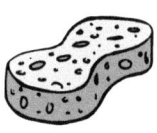

svamp

hubka

blender

mixér

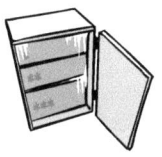

dybfryser

mraznička

sutteflaske

kojenecká fľaša

vandhane

vodovodný kohútik

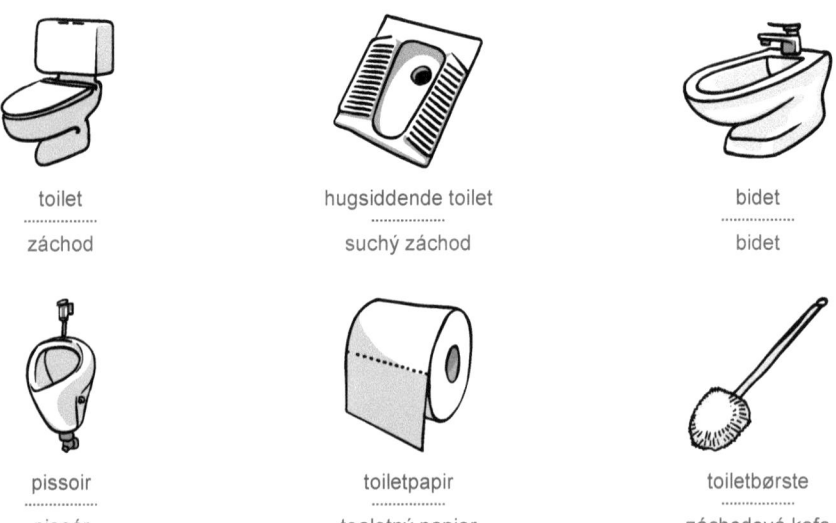

badeværelse
kúpeľňa

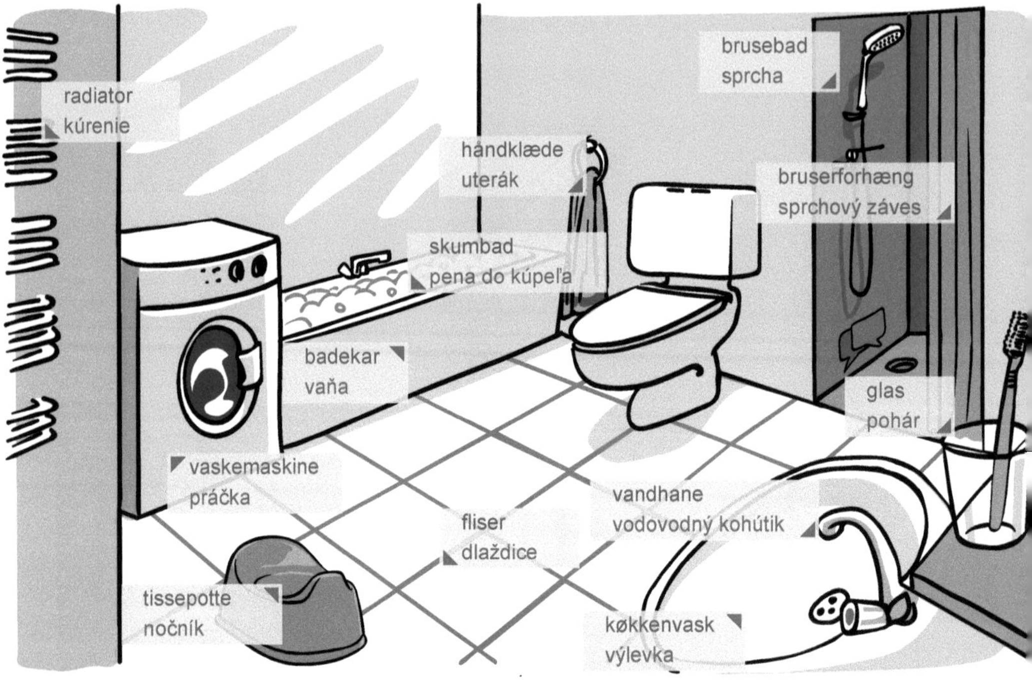

brusebad
sprcha
radiator
kúrenie
håndklæde
uterák
bruserforhæng
sprchový záves
skumbad
pena do kúpeľa
badekar
vaňa
glas
pohár
vaskemaskine
práčka
vandhane
vodovodný kohútik
fliser
dlaždice
tissepotte
nočník
køkkenvask
výlevka

toilet

záchod

hugsiddende toilet

suchý záchod

bidet

bidet

pissoir

pisoár

toiletpapir

toaletný papier

toiletbørste

záchodová kefa

tandbørste

zubná kefka

tandpasta

zubná pasta

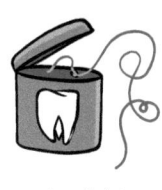

tandtråd

dentálna niť

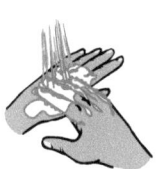

vaske

umývať

håndbruser

ručná sprcha

intimbruser

sprcha pre intímnu hygienu

vaskefad

umývadlo

badebørste

kefa na chrbát

sæbe

mydlo

brusegele

sprchový gél

shampoo

šampón

vaskeklud

frotírová rukavica

afløb

odtok

creme

krém

deodorant

dezodorant

spejl

zrkadlo

kosmetikspejl

kozmetické zrkadlo

barberhøvl

žiletka

barberskum

pena na holenie

barbervand

voda po holení

kam

hrebeň

børste

kefa

hårtørrer

sušič vlasov

hårspray

sprej na vlasy

makeup

make-up

læbestift

rúž

neglelak

lak na nechty

vat

vata

neglesaks

nožnice na nechty

parfume

parfum

toilettaske

kozmetická taška

skammel

stolček

vægt

váha

badekåbe

kúpací plášť

gummihandsker

gumové rukavice

tampon

tampón

damebind

menštruačná vložka

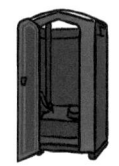

kemisk toilet

chemické WC

børneværelse
detská izba

vækkeur
budík
bamse
plyšová hračka
legetøjsbil
hračkárske auto
skralde
hrkálka
dukkehus
domček pre bábiky
gave
dar

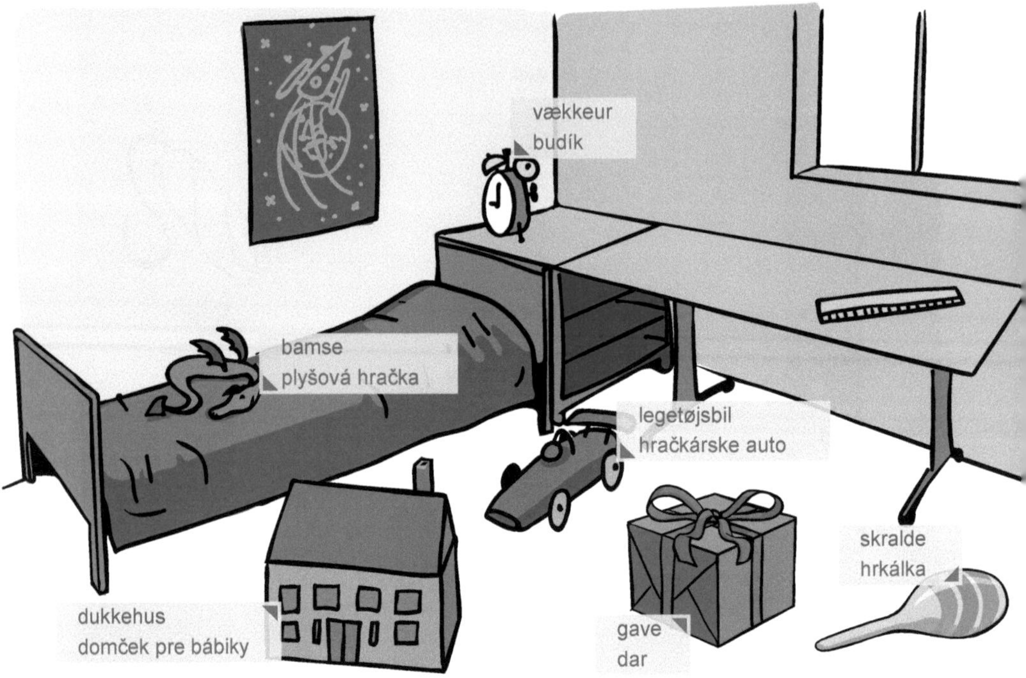

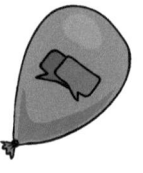

ballon

balón

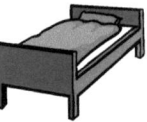

seng

posteľ

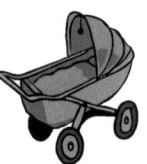

barnevogn

detský kočík

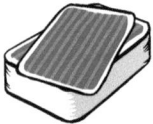

kortspil

karty

puslespil

puzzle

SUPER
MEGA

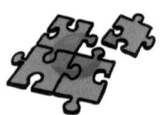

tegneserie

komix

legoklodser

skladačka lego

byggeklodser

stavebnica

action figur

akčná postavička

sparkedragt

dupačky

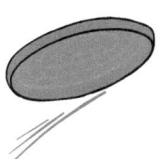

frisbee

lietajúci tanier

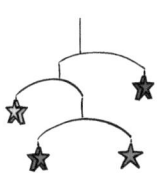

uro

závesné hračky

brætspil

stolová hra

terning

kocka

modeljernbane

modelový vláčik

sut

cumlík

fest

párty

billedbog

obrázková kniha

bold

lopta

dukke

bábika

lege

hrať sa

sandkasse

pieskovisko

gynge

hojdačka

legetøj

hračky

spillekonsol

hracia konzola

trehjulet cykel

trojkolka

bamse

medvedík

klædeskab

šatník

tøj

šatstvo

sokker

ponožky

strømper

pančuchy

strømpebukser

pančuchové nohavičky

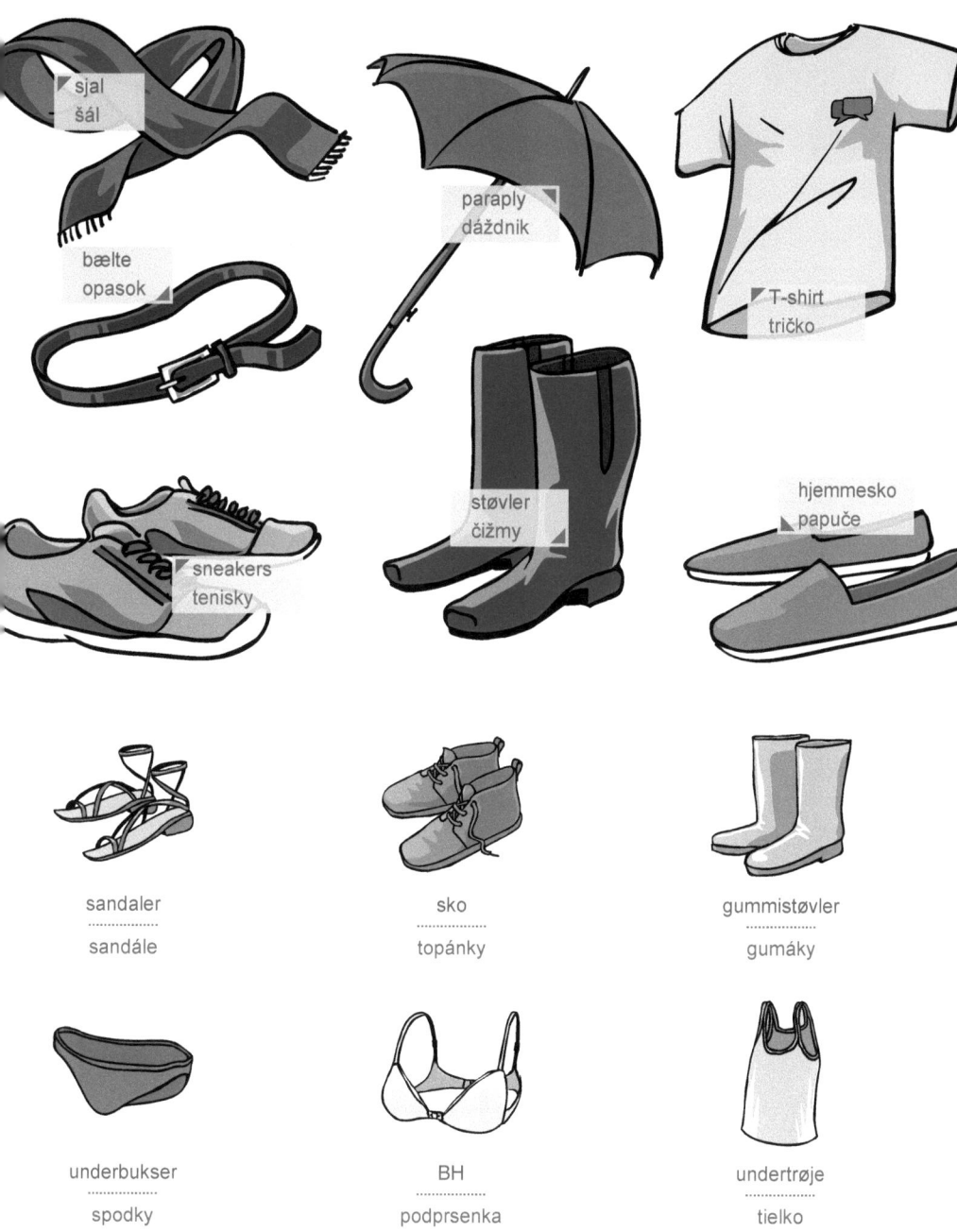

sjal
šál

bælte
opasok

paraply
dáždnik

T-shirt
tričko

sneakers
tenisky

støvler
čižmy

hjemmesko
papuče

sandaler	sko	gummistøvler
sandále	topánky	gumáky
underbukser	BH	undertrøje
spodky	podprsenka	tielko

body
body

bukser
nohavice

jeans
džínsy

nederdel
sukňa

bluse
blúzka

skjorte
košeľa

pullover
pulóver

sweatshirt
sveter

blazer
blejzer

jakke
bunda

frakke
kabát

regnfrakke
pršiplášť

kostume
kostým

kjole
šaty

brudekjole
svadobné šaty

tøj - šatstvo

jakkesæt

oblek

nattrøje

nočná košeľa

pyjamas

pyžamo

sari

sari

hovedtørklæde

šatka na hlavu

turban

turban

burka

burka

kaftan

kaftan

abaya

abaja

badedragt

dvojdielne plavky

badebukser

plavky

korte bukser

šortky

træningsdragt

tepláková súprava

forklæde

zástera

handsker

rukavice

knap

gombík

briller

okuliare

armbånd

náramok

kæde

retiazka

ring

prsteň

ørering

náušnica

hue

čiapka

bøjle

vešiak

hat

klobúk

slips

kravata

lynlås

zips

hjelm

prilba

seler

traky

skoleuniform

školská uniforma

uniform

uniforma

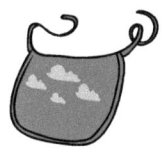

hagesmæk

podbradník

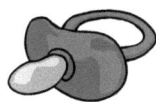

sut

cumlík

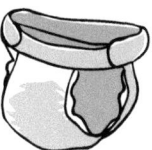

ble

plienka

kontor
kancelária

server
server
arkivskab
skriňa na spisy
printer
tlačiareň
papir
papier
skærm
monitor
skrivebord
písací stôl
mus
myš
mappe
zakladač
tastatur
klávesnica
papirkurv
kôš na papier
computer
počítač
stol
stolička

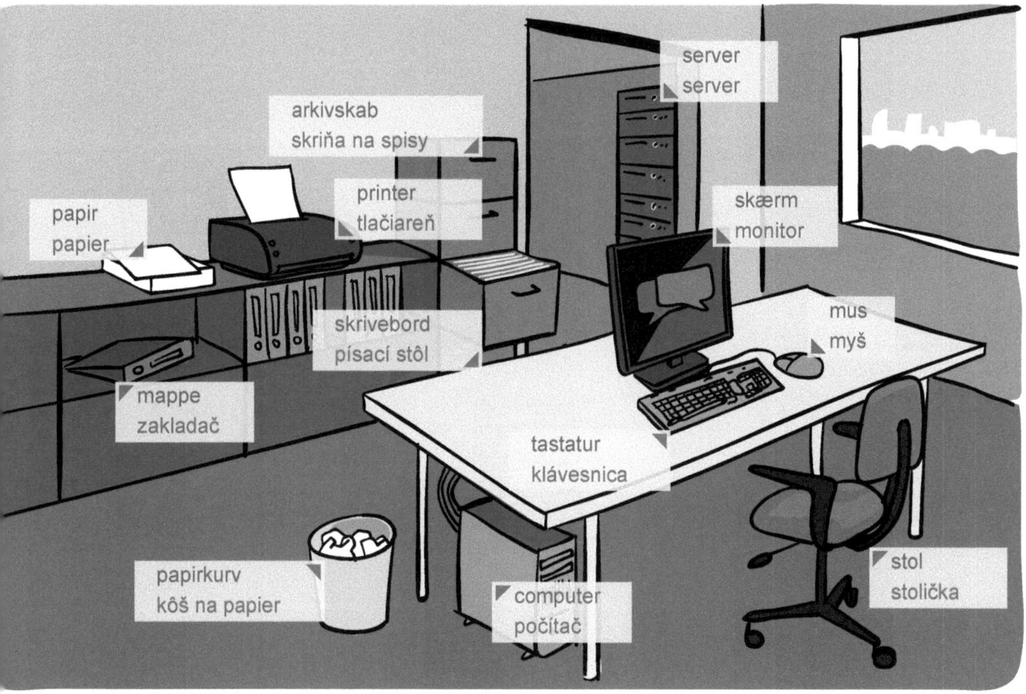

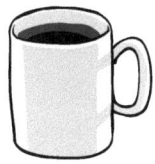

kaffekrus

hrnček na kávu

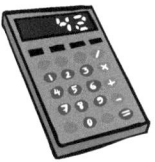

lommeregner

kalkulačka

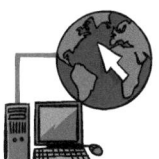

internet

internet

bærbar

laptop

brev

list

besked

správa

mobil

mobil

netværk

sieť

kopimaskine

kopírka

software

softvér

telefon

telefón

stikdåse

elektrická zásuvka

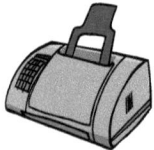

fax

fax

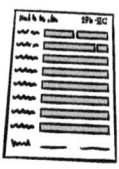

formular

formulár

dokument

doklad

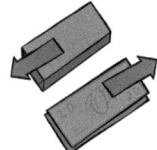

købe

kúpiť

betale

platiť

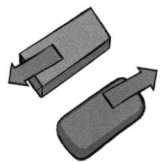

handle

obchodovať

penge

peniaze

 **USD**

dollar

dolár

 **EUR**

euro

euro

 **JPY**

yen

jen

 **RUB**

rubel

rubeľ

 **CHF**

schweizerfranc

švajčiarsky frank

 **CNY**

renminbi yuan

čínsky jüan

 **INR**

rupee

rupia

hæveautomat

bankomat

vekselkontor

zmenáreň

guld

zlato

sølv

striebro

olie

ropa

energi

energia

pris

cena

kontrakt

zmluva

skat

daň

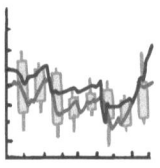

aktie

akcia

arbejde

pracovať

ansat

zamestnanec

arbejdsgiver

zamestnávateľ

fabrik

továreň

butik

obchod

økonomi - hospodárstvo

politimand
policajt

brandmand
hasič

kok
kuchár

læge
lekár

pílot
pilót

gartner

záhradník

tømrer

stolár

syerske

krajčírka

dommer

sudca

kemiker

chemik

skuespiller

herec

buschauffør

vodič autobusu

taxachauffør

taxikár

fisker

rybár

rengøringskone

upratovačka

tagdækker

pokrývač

tjener

čašník

jæger

poľovník

maler

maliar

bager

pekár

elektriker

elektrikár

bygningsarbejder

stavebný robotník

ingeniør

inžinier

slagter

mäsiar

vvs-mand

klampiar

postbud

poštár

soldat

vojak

arkitekt

architekt

kasserer

pokladník

blomsterhandler

kvetinár

frisør

kaderník

togfører

sprievodca

mekaniker

mechanik

kaptajn

kapitán

tandlæge

zubár

videnskabsmand

vedec

rabbiner

rabín

imam

imám

munk

mnich

præst

farár

værktøj
náradie

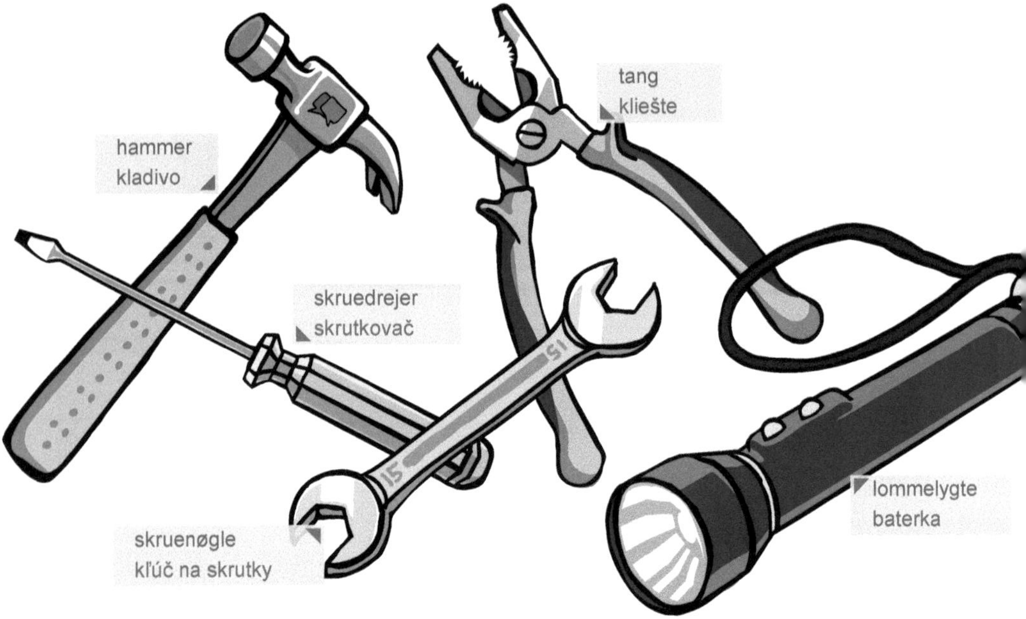

hammer
kladivo
tang
kliešte
skruedrejer
skrutkovač
skruenøgle
kľúč na skrutky
lommelygte
baterka

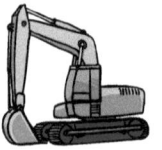

gravemaskine

bager

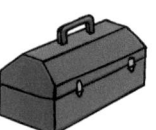

værktøjskasse

súprava náradia

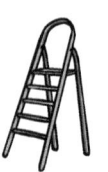

stige

rebrík

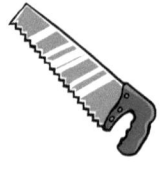

sav

pílka

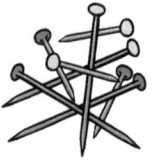

søm

klince

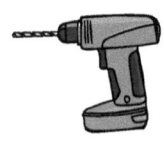

bor

vrták

reparere

opraviť

skovl

lopata

Lort!

Do čerta!

fejebakke

lopatka na smeti

malerspand

nádoba s farbou

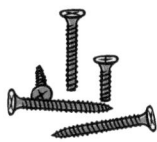

skruer

skrutky

musikinstrumenter
hudobné nástroje

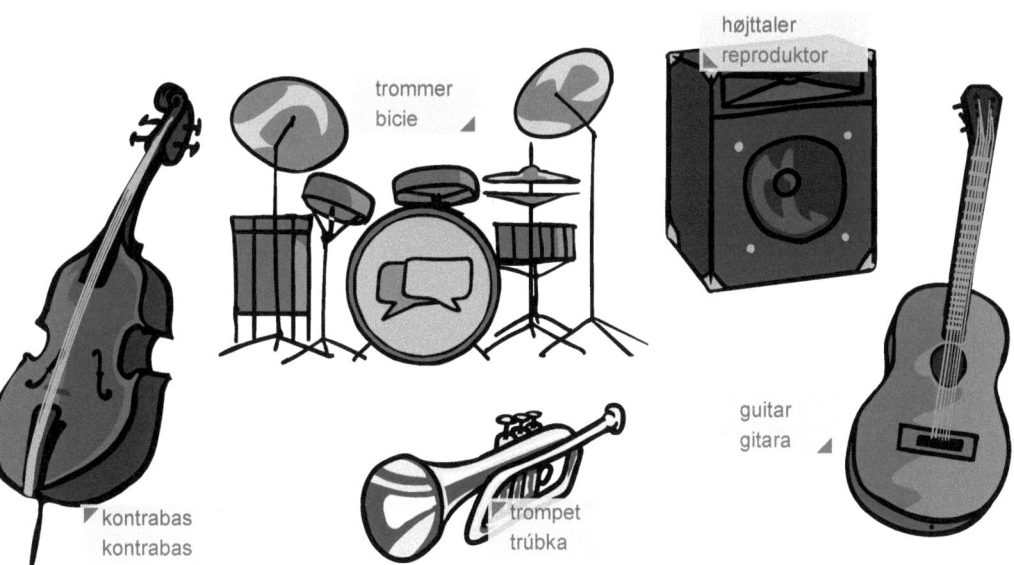

trommer
bicie

højttaler
reproduktor

guitar
gitara

kontrabas
kontrabas

trompet
trúbka

klaver

klavír

violin

husle

bas

basa

pauke

tympany

tromme

bubon

keyboard

klávesnica

saxofon

saxofón

fløjte

flauta

mikrofon

mikrofón

ZOO

ZOO

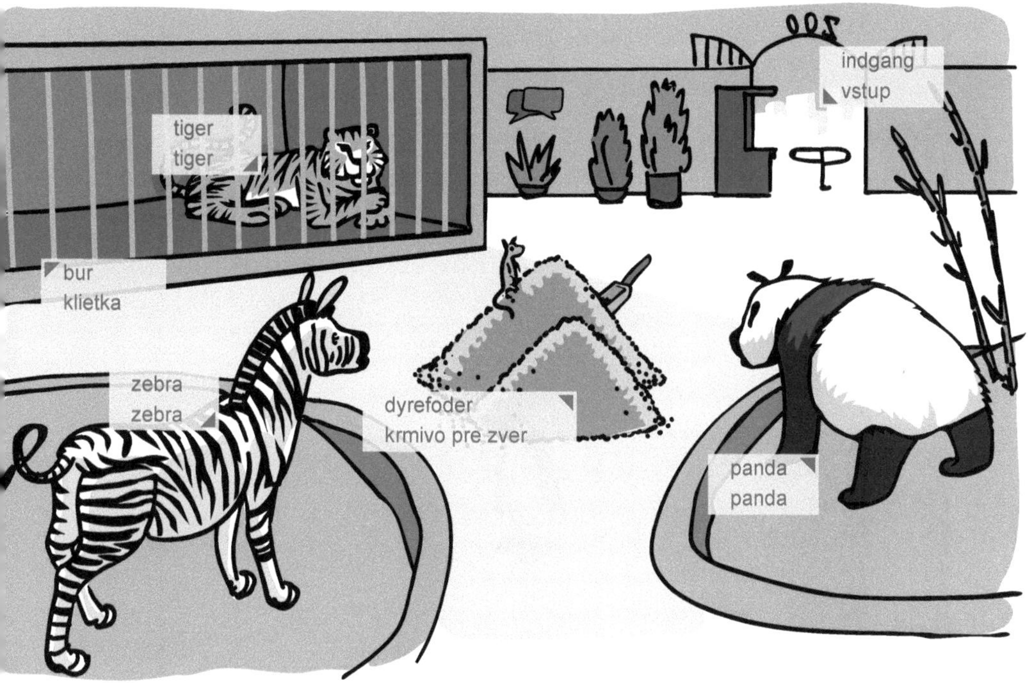

indgang
vstup
tiger
tiger
bur
klietka
zebra
zebra
dyrefoder
krmivo pre zver
panda
panda

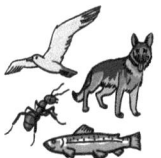

dyr

zvieratá

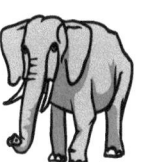

elefant

slon

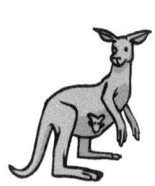

kænguru

klokan

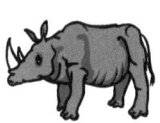

næsehorn

nosorožec

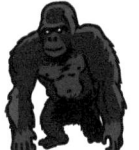

gorilla

gorila

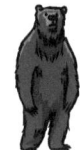

bjørn

medveď

kamel

ťava

struds

pštros

løve

lev

abe

opica

flamingo

plameniak

papegøje

papagáj

isbjørn

ľadový medveď

pingvin

tučniak

haj

žralok

påfugl

páv

slange

had

krokodille

krokodíl

dyrepasser

ošetrovateľ v ZOO

sæl

tuleň

jaguar

jaguár

pony
poník

leopard
leopard

flodhest
hroch

giraf
žirafa

ørn
orol

vildsvin
diviak

fisk
ryba

skildpadde
korytnačka

hvalros
mrož

ræv
líška

gazelle
gazela

amerikansk football
americký futbal

cykling
cyklistika

tennis
tenis

basketball
basketbal

svømning
plávanie

boksning
box

ishockey
hokej

fodbold
futbal

badminton
bedminton

atletik
ľahká atletika

håndbold
hádzaná

skiløb
lyžovanie

polo
pólo

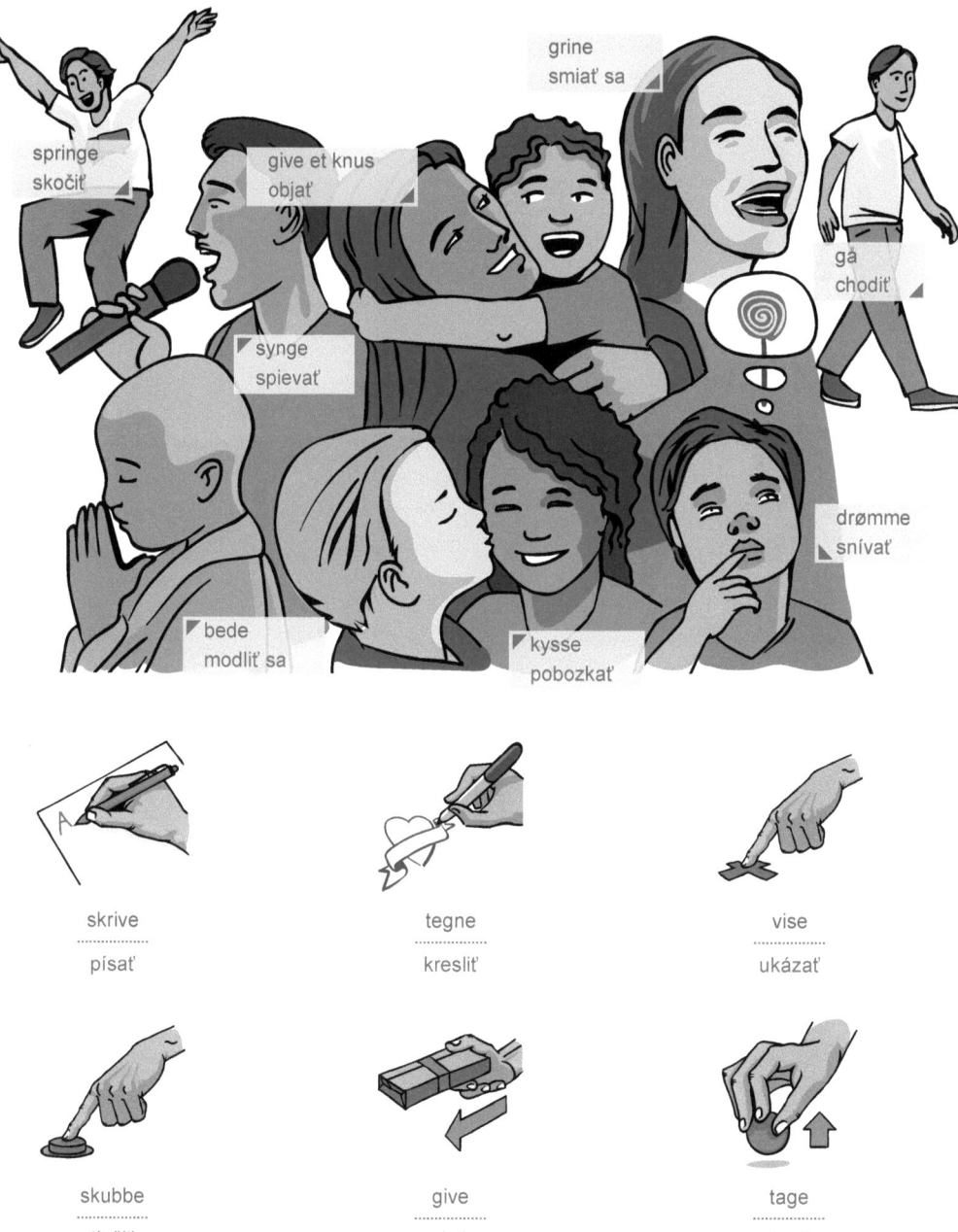

springe
skočiť

give et knus
objať

grine
smiať sa

gå
chodiť

synge
spievať

drømme
snívať

bede
modliť sa

kysse
pobozkať

skrive

písať

tegne

kresliť

vise

ukázať

skubbe

tlačiť

give

dať

tage

brať

have

mať

gøre

robiť

være

byť

stå

stáť

løbe

bežať

trække

ťahať

kaste

hádzať

falde

padnúť

ligge

ležať

vente

čakať

bære

nosiť

sidde

sedieť

tage på

obliecť sa

sove

spať

vågne

zobudiť sa

se på

pozerať

græde

plakať

ae

hladkať

kæmme

česať

tale

hovoriť

forstå

rozumieť

spørge

pýtať sa

høre

počuť

drikke

piť

spise

jesť

rydde op

upratať

elske

milovať

koge

variť

køre

jazdiť

flyve

letieť

sejle

plachtiť

regne

počítať

læse

čítať

lære

učiť sa

arbejde

pracovať

gifte sig med

oženiť

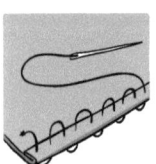

sy

šiť

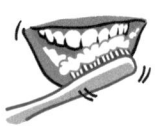

børste tænder

čistiť zuby

dræbe

zabiť

ryge

fajčiť

sende

poslať

aktiviteter - aktivity

familie
rodina

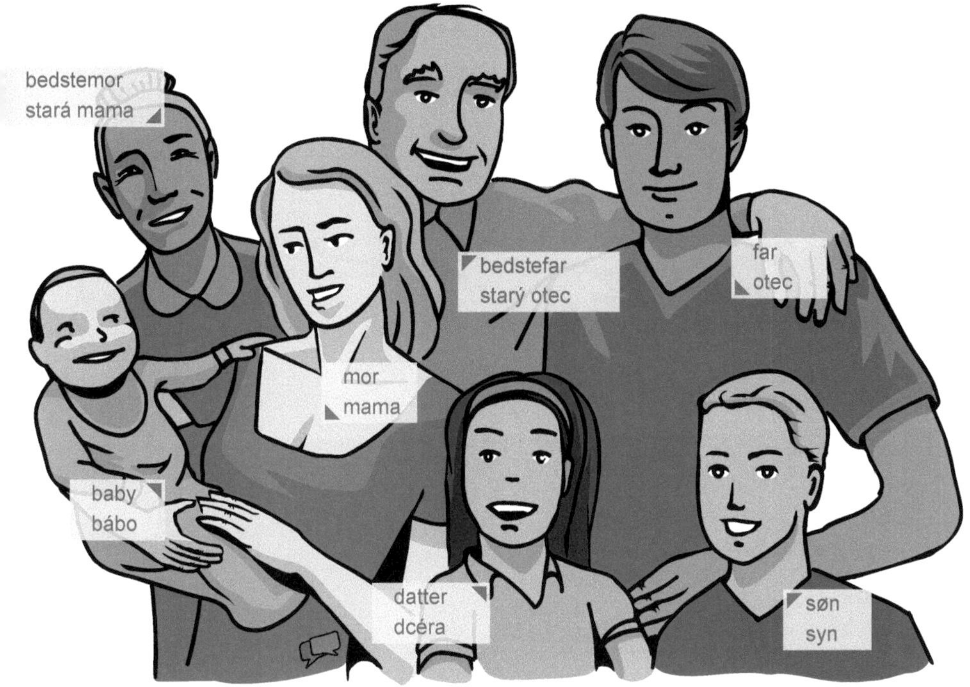
bedstemor
stará mama
bedstefar
starý otec
far
otec
mor
mama
baby
bábo
datter
dcéra
søn
syn

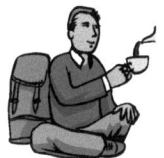

gæst

hosť

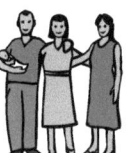

tante

teta

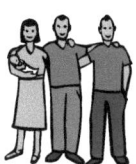

onkel

strýko

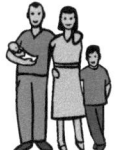

bror

brat

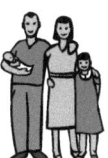

søster

sestra

krop
telo

pande
čelo
øje
oko
skulder
plece
finger
prst
ansigt
tvár
hage
brada
hånd
ruka
bryst
hruď
ben
noha
arm
rameno

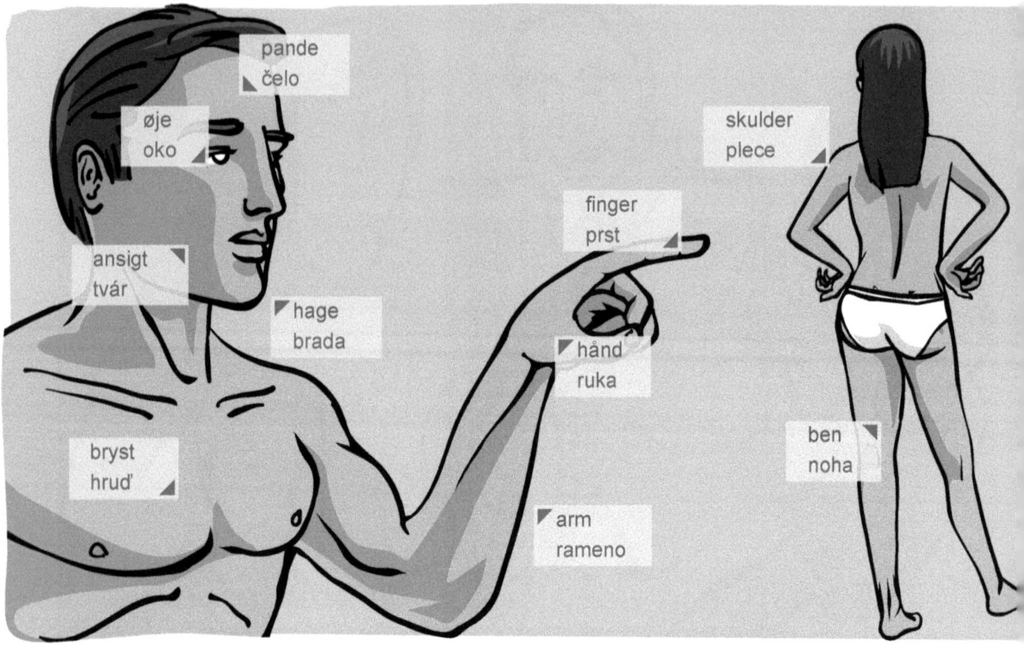

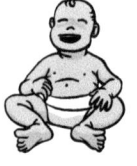

baby
bábo

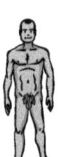

mand
muž

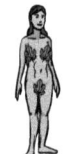

kvinde
žena

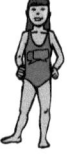

pige
dievča

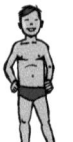

dreng
chlapec

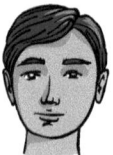

hoved
hlava

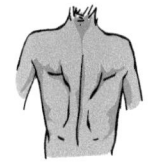

ryg

chrbát

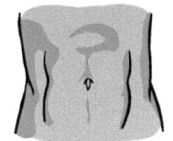

mave

brucho

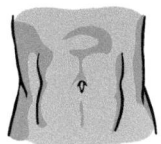

navle

pupok

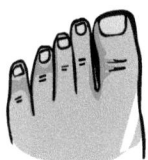

tå

prst na nohe

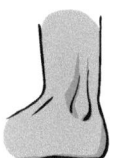

hæl

päta

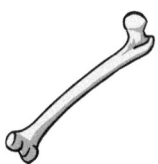

knogle

kosť

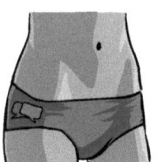

hofte

bok

knæ

koleno

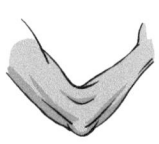

albue

lakeť

næse

nos

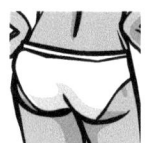

bagdel

zadok

hud

koža

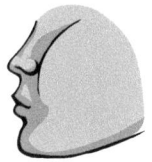

kind

líce

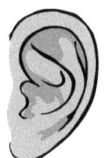

øre

ucho

læbe

pery

krop - telo

mund

ústa

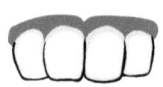

tand

zub

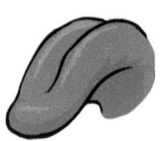

tunge

jazyk

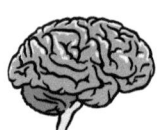

hjerne

mozog

hjerte

srdce

muskel

svaly

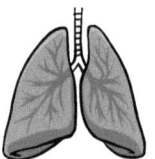

lunge

pľúca

lever

pečeň

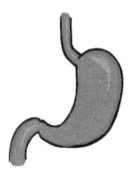

mavesæk

žalúdok

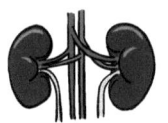

nyrer

obličky

sex

pohlavný styk

kondom

kondóm

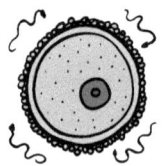

ægcelle

vaječná bunka

sperm

semeno

svangerskab

tehotenstvo

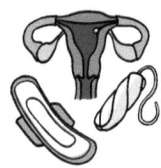

menstruation

menštruácia

vagina

vagína

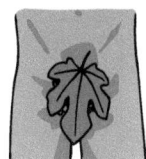

penis

penis

øjenbryn

obočie

hår

vlasy

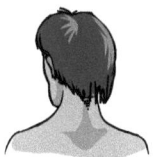

hals

krk

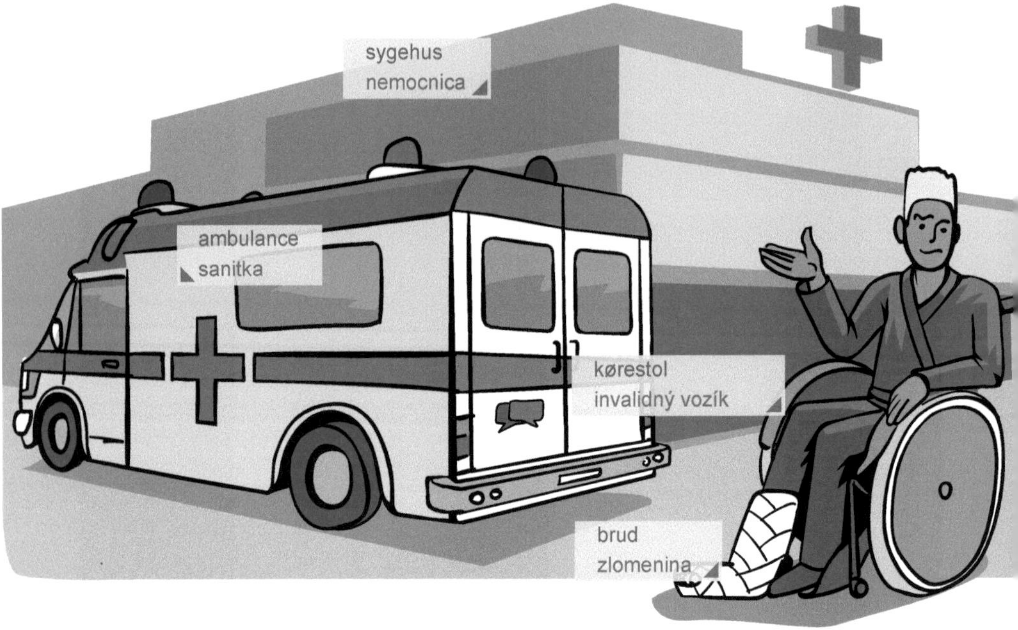

sygehus
nemocnica

sygehus
nemocnica
ambulance
sanitka
kørestol
invalidný vozík
brud
zlomenina

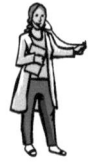

lægе
lekár

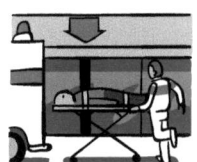

akutmodtagelse
urgentný príjem

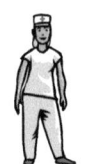

sygeplejerske
sestrička

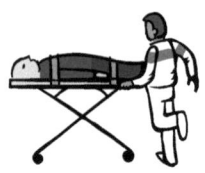

nødstilfælde
urgentný prípad

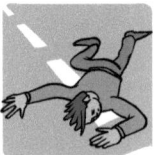

bevidstløs
v bezvedomí

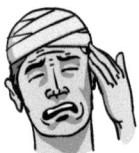

smerte
bolesť

skade

zranenie

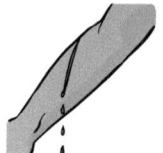

blødning

krvácanie

hjerteinfarkt

srdcový infarkt

slagtilfælde

mozgová porážka

allergi

alergia

hoste

kašeľ

feber

teplota

influenza

chrípka

diarré

hnačka

hovedpine

bolesť hlavy

kræft

rakovina

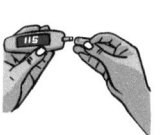

diabetes

cukrovka

kirurg

chirurg

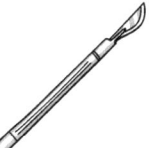

skalpel

skalpel

operation

operácia

CT
CT

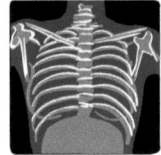

røntgen
RTG

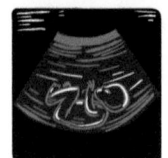

ultralyd
ultrazvuk

maske
maska

sygdom
choroba

venteværelse
čakáreň

krykke
barla

plaster
náplasť

forbinding
obväz

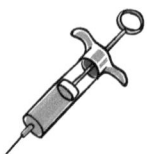

injektion
injekcia

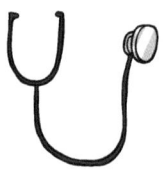

stetoskop
fonendoskop

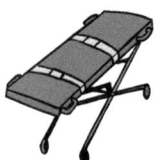

båre
nosidlá

termometer
teplomer

fødsel
pôrod

overvægt
nadváha

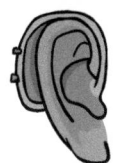

høreapparat

audiofón

desinficerende middel

dezinfekčný prostriedok

infektion

infekcia

virus

vírus

HIV / AIDS

HIV / AIDS

medicin

medicína

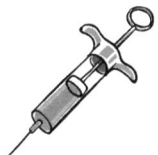

vaccination

očkovanie

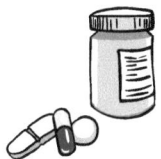

tabletter

tabletky

pille

antikoncepčná pilulka

nødopkald

tiesňové volanie

blodtryksmåler

tlakomer

syg / rask

chorý / zdravý

Hjælp!

Pomoc!

alarm

alarm

overfald

prepad

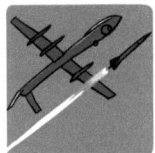

angreb

útok

fare

nebezpečenstvo

nødudgang

núdzový východ

Det brænder!

Horí!

ildslukker

hasičský prístroj

uheld

nehoda

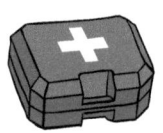

førstehjælps-kuffert

kufrík prvej pomoci

SOS

SOS

politi

polícia

Europa

Európa

Nordamerika

Severná Amerika

Sydamerika

Južná Amerika

Afrika

Afrika

Asien

Ázia

Australien

Austrália

Atlanterhavet

Atlantický oceán

Stillehavet

Tichý oceán

Indiske Ocean

Indický oceán

Sydlige Ishav

Južný oceán

Ishav

Severný ľadový oceán

Nordpol

Severný pól

Sydpol

Južný pól

Antarktis

Antarktída

Jorden

Zem

land

krajina

hav

more

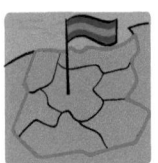

ø

ostrov

nation

národ

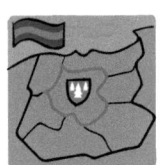

stat

štát

urskive

ciferník

timeviser

hodinová ručička

minutviser

minútová ručička

sekundviser

sekundová ručička

Hvad er klokken?

Koľko je hodín?

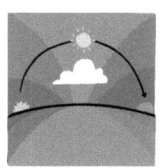

dag

deň

tid

čas

nu

teraz

digitalur

digitálne hodiny

minut

minúta

time

hodina

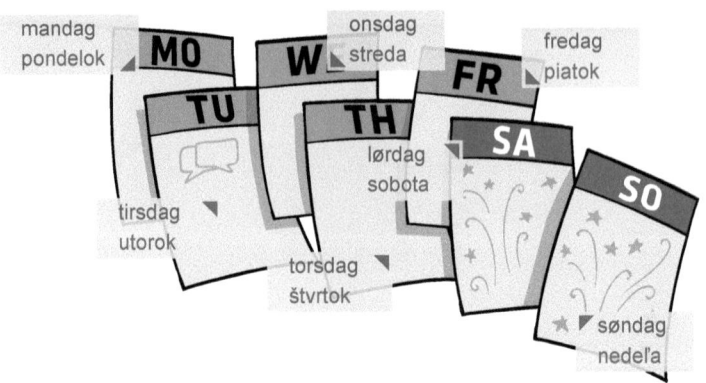

mandag
pondelok

onsdag
streda

fredag
piatok

tirsdag
utorok

lørdag
sobota

torsdag
štvrtok

søndag
nedeľa

i går

včera

i dag

dnes

i morgen

zajtra

morgen

ráno

middag

poludnie

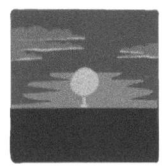

aften

večer

MO	TU	WE	TH	FR	SA	SU
1	2	3	4	5	6	7
8	9	10	11	12	13	14
15	16	17	18	19	20	21
22	23	24	25	26	27	28
29	30	31	1	2	3	4

arbejdsdage

pracovné dni

MO	TU	WE	TH	FR	SA	SU
1	2	3	4	5	6	7
8	9	10	11	12	13	14
15	16	17	18	19	20	21
22	23	24	25	26	27	28
29	30	31	1	2	3	4

weekend

víkend

år
rok

regn
dážď
regnbue
dúha
vind
vietor
sne
sneh
forår
jar
efterår
jeseň
sommer
leto
vinter
zima

4.APRIL 11°
5.APRIL 4°
6.APRIL 13°
7.APRIL 8°
8.APRIL 10°

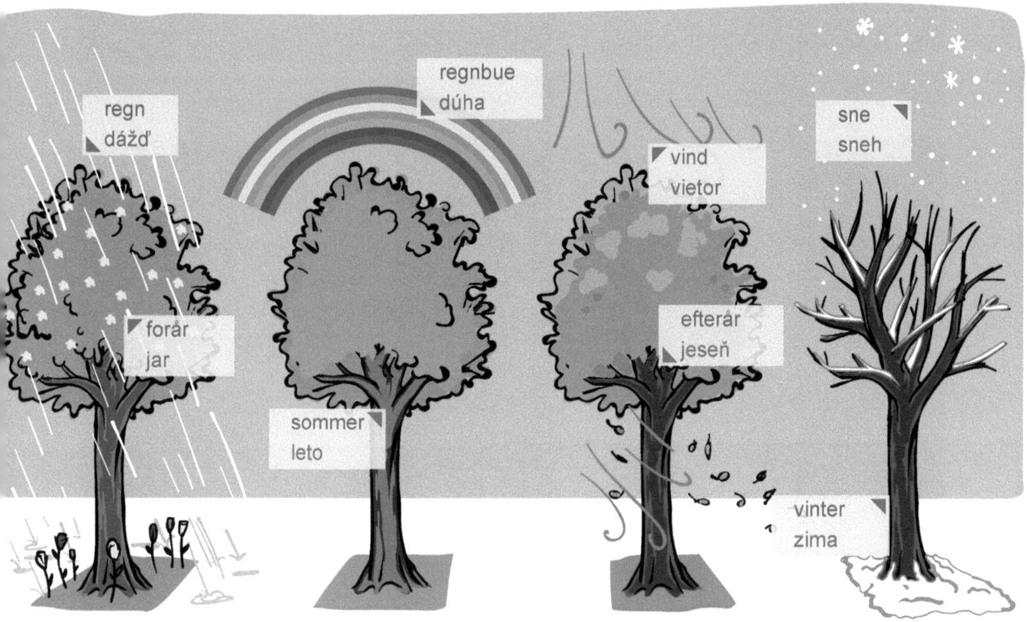

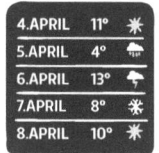

vejrudsigt
predpoveď počasia

F C
120 90 60 30 0 -30
40 30 20 10 0 -10 -20

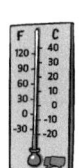

termometer
teplomer

solskin
slnečný svit

sky
oblak

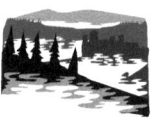

tåge
hmla

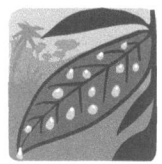

luftfugtighed
vlhkosť vzduchu

lyn
blesk

torden
hrom

storm
búrka

hagl
krúpy

monsun
monzún

flod
záplava

is
ľad

januar
január

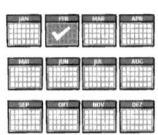

februar
február

marts
marec

april
apríl

maj
máj

juni
jún

juli
júl

august
august

år - rok

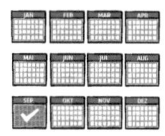

september
september

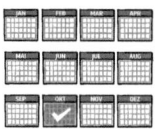

oktober
október

november
november

december
december

former

tvary

cirkel
kruh

kvadrat
štvorec

firkant
obdĺžnik

trekant
trojuholník

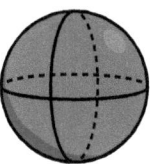

kugle
guľa

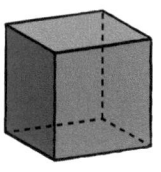

terning
kocka

hvid
biela

gul
žltá

orange
oranžová

pink
ružová

rød
červená

lilla
fialová

blå
modrá

grøn
zelená

brun
hnedá

grå
šedá

sort
čierna

meget / lidt

veľa / málo

rasende / fredelig

zúrivý / pokojný

smuk / grim

pekný / škaredý

begyndelse / slut

začiatok / koniec

stor / lille

veľký / malý

lys / mørk

svetlý / tmavý

bror / søster

brat / sestra

ren / snavset

čistý / špinavý

fuldkommen / ufuldkommen

úplný / neúplný

dag / nat

deň / noc

død / levende

mŕtvy / živý

bred / smal

široký / úzky

spiselig / uspiselig

chutný / nechutný

vred / venlig

zlostný / láskavý

ophidset / kedet

vzrušený / unudený

tyk / tynd

tlstý / chudý

først / sidst

prvý / posledný

ven / fjende

priateľ / nepriateľ

fuld / tom

plný / prázdny

hård / blød

tvrdý / mäkký

tung / let

ťažký / ľahký

sult / tørst

hlad / smäd

syg / rask

chorý / zdravý

illegal / legal

nelegálny / legálny

intelligent / dum

inteligentný / hlúpy

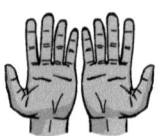

venstre / højre

vľavo / vpravo

nær / fjern

blízko / ďaleko

ny / brugt
nový / použitý

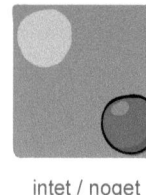

intet / noget
nič / niečo

gammel / ung
starý / mladý

tændt / slukket
zapnuté / vypnuté

åben / lukket
otvorené / zatvorené

stille / højt
tichý / hlasný

rig / fattig
bohatý / chudobný

rigtig / forkert
správne / nesprávne

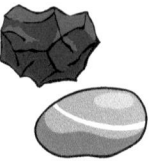

ru / glat
drsný / hladký

ked af det / lykkelig
smutný / šťastný

kort / lang
krátky / dlhý

langsom / hurtig
pomaly / rýchlo

våd / tør
mokrý / suchý

varm / kold
teplý / studený

krig / fred
vojna / mier

0	**1**	**2**
nul	en	to
nula	jeden	dva

3	**4**	**5**
tre	fire	fem
tri	štyri	päť

6	**7**	**8**
seks	syv	otte
šesť	sedem	osem

9	**10**	**11**
ni	ti	elleve
deväť	desať	jedenásť

12
tolv

dvanásť

13
tretten

trinásť

14
fjorten

štrnásť

15
femten

pätnásť

16
seksten

šestnásť

17
sytten

sedemnásť

18
atten

osemnásť

19
nitten

devätnásť

20
tyve

dvadsať

100
hundrede

sto

1.000
tusinde

tisíc

1.000.000
million

milión

tal - čísla

engelsk
....
angličtina

amerikansk engelsk
....
americká angličtina

kinesisk mandarin
....
mandarínska čínština

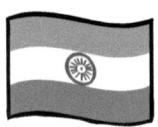

hindi
....
hindčina

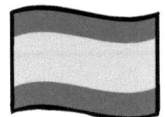

spansk
....
španielčina

fransk
....
francúzština

arabisk
....
arabčina

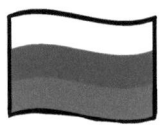

russisk
....
ruština

portugisisk
....
portugalčina

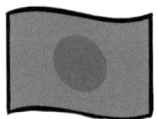

bengalsk
....
bengálčina

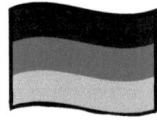

tysk
....
nemčina

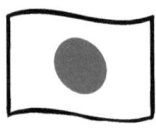

japansk
....
japončina

jeg

ja

du

ty

han / hun / den / det

on/ona/ono

vi

my

I

vy

de

oni

hvem?

kto?

hvad?

čo?

hvordan?

ako?

hvor?

kde?

hvornår?

kedy?

navn

meno

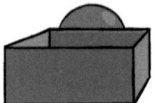

bag
....
za

i
....
v

foran
....
pred

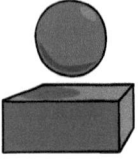

over
....
nad

på
....
na

under
....
pod

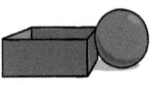

ved siden af
....
vedľa

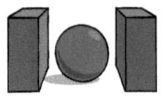

imellem
....
medzi

sted
....
miesto